NATUR

✳ Entdecken · Verstehen · Mitmachen ✳

Lena

Stéphanie

BOHEM

Entdeckungsreise

Muscheln suchen am Strand, hübsche Blätter und Federn bewundern und über einen flatternden Schmetterling oder verrückte Pilze staunen – das hast du bestimmt schon einmal getan. Aber weißt du auch, welche Tiere in den Muscheln gelebt haben, von welchem Baum das Blatt stammt und wie Schmetterlinge und Pilze eigentlich genau heißen?
Eines ist gewiss: Wenn du das Buch gelesen hast, kennst du die Antworten.

Viel Spaß auf deiner Entdeckungsreise!

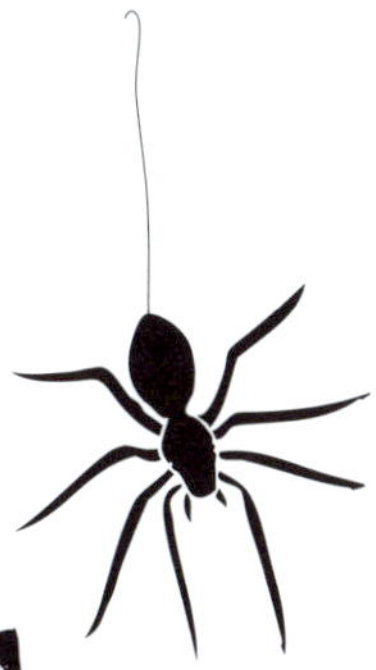

Ameisen zählen

Durch dieses Buch krabbeln jede Menge Ameisen. Ganz viele schwarze, aber auch einige rote. Kannst du alle roten Ameisen finden? Zähl sie zusammen und kontrolliere die Summe auf Seite 64.

INHALT

Lesen

Experimentieren

Ausmalen

Rätsel lösen

Draußen spielen

Alle Rätsel gelöst? Hier findest du die Antworten. 62

Zu Besuch bei den Honigmachern

Es gibt ungefähr 20 000 Bienenarten. Die Honigbiene ist wohl die Bekannteste unter ihnen. Für uns ist sie sehr wichtig, denn sie bestäubt Pflanzen, die wir essen. Und sie produziert Honig und Bienenwachs.

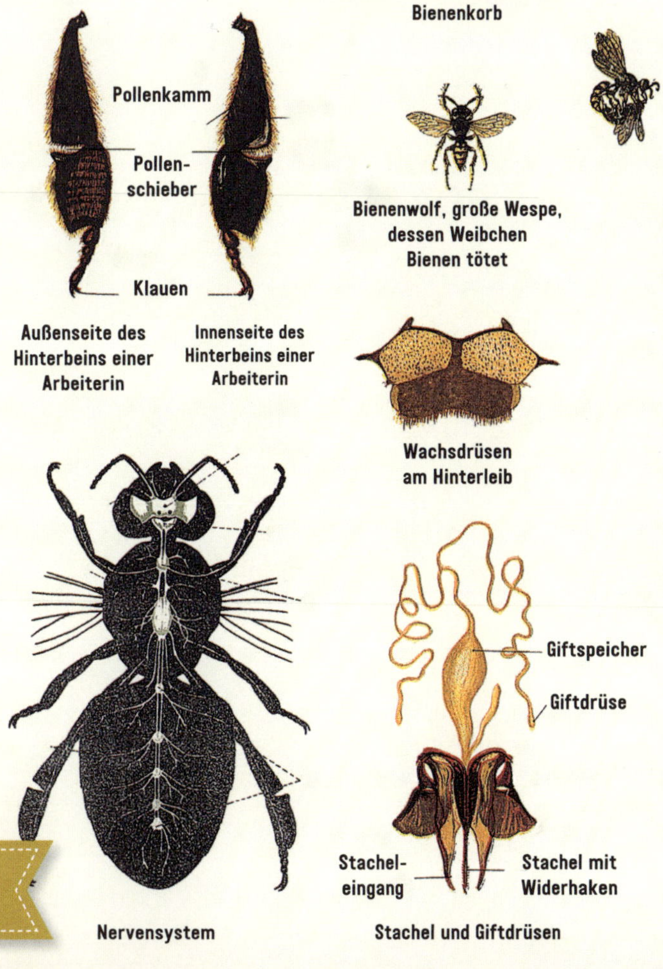

Bsss... Da ist wieder eine Biene auf der Suche nach Nektar. Die Biene ist eine »Frau Biene«, denn alle Arbeitsbienen sind Weibchen. Im Bienenkasten verarbeiten ihre Kolleginnen den gesammelten Nektar zu Honig – als Vorrat für den Winter. Dieser Honig wird in Waben aufbewahrt, die aus Bienenwachs bestehen. In anderen Waben stecken junge Bienen: Larven. Sie sehen aus wie weiße Raupen. Die Bienen füttern sie mit etwas Honig und ganz viel Pollen, damit sie wachsen. Den Pollen sammelt die Biene auf den Blüten. Dieser bleibt in ihren Haaren hängen, dann bürstet sie ihn ab und steckt ihn in einen speziellen Sack an ihrem Hinterleib. Zu Hause kommt der Pollen in eine Wabe, bis eine andere Biene die Larve damit füttert. Jede Larve entsteht aus einem Ei. Und jedes Ei im Bienenkasten wurde durch die Königin gelegt. Sie ist größer als die anderen und die Mutter aller Bienen. Und davon gibt es eine ganze Menge, denn in einem Bienenkasten leben manchmal bis zu 50 000 Bienen. Und die Männer? Auch die gibt es. Sie heißen Drohnen. Es sind viel weniger an der Zahl und sie sind längst nicht so fleißig. Du erkennst sie an den großen Augen. Drohnen faulenzen bis zur Paarungszeit. Dann fliegen sie davon und suchen eine Prinzessin. Nach der Paarung sterben sie. Und die Prinzessin wird Königin.

DEYROLLE, 46, RUE DU BAC, PARIS

Hilf der Biene

Diese Biene möchte zum Honigtopf. Zeigst du ihr den Weg?

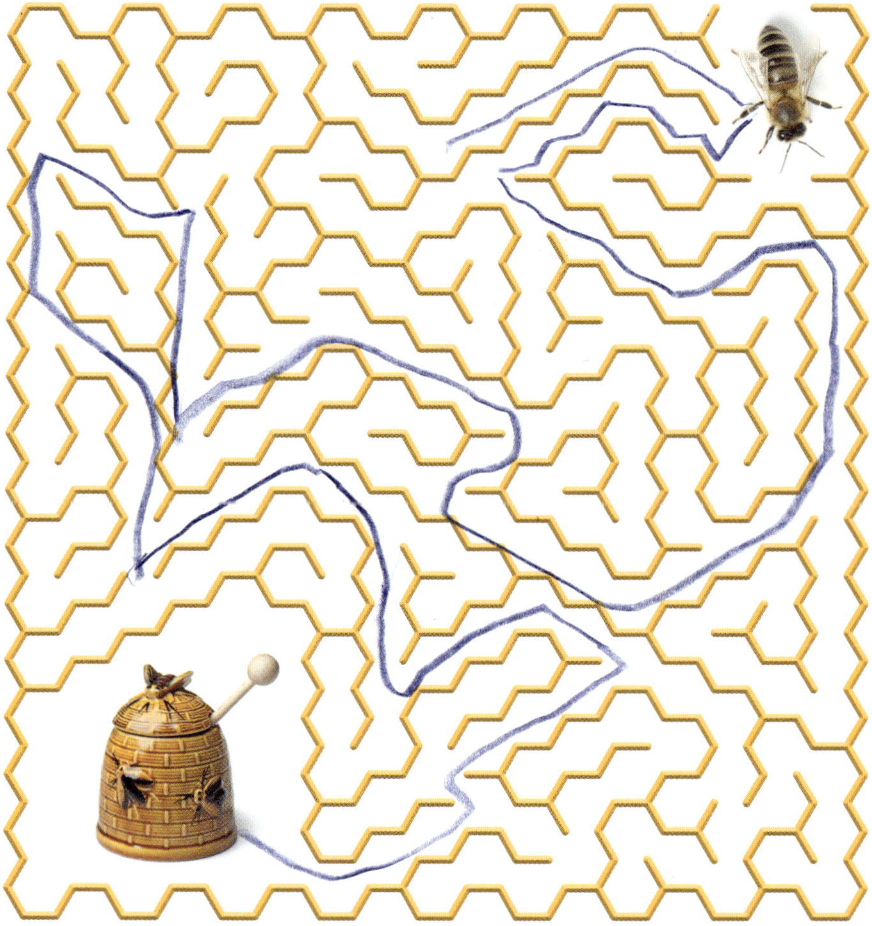

So wirst du zum

BIENENFREUND

Möchtest du den Bienen helfen? Das geht so:

1. Blumen säen

Bienen brauchen Blumen, und diese kannst du säen. Zum Beispiel in einem Blumenkasten auf dem Balkon, im Garten oder unter einem Baum an der Straße. In der Gärtnerei kannst du Samentütchen kaufen. Auf der Verpackung steht, was darin ist. Ist auch Phazelie dabei? Sehr gut! Die lilablauen Blüten produzieren besonders viel Nektar.

2. Bienenhotel bauen

In Mitteleuropa leben mehr als 500 Sorten wilde Bienen. Sie leben nicht in einem großen Bienenvolk, sondern als alleinstehende Mütter. Viele wilde Bienen bauen in einer Höhle das Nest für ihre Eier und Larven. Du kannst ihnen helfen und aus Schilfrohr oder einem Holzklotz, in den du Löcher bohren lässt, ein Bienenhotel bauen.

Wespe oder Biene?

Kennst du den Unterschied?

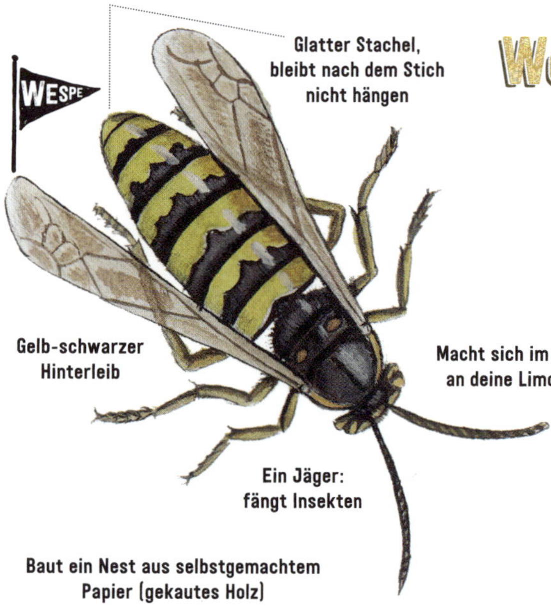

Die Steineule

Die Steineule ist unsere kleinste Eule. Sie lebt noch sehr traditionell: Die Frau übernimmt die Hausarbeit, der Mann sorgt für das Brot auf dem Tisch. Na ja, Brot: Viel lieber sind ihr eine leckere Maus, dicke Käfer oder ein saftiger Wurm.

FRAGE

An der Farbe der Augen kannst du erkennen, ob eine Eule vor allem tagsüber, in der Dämmerung oder nachts aktiv ist. Weißt du, wann die Steineule jagt?

- ○ nachts
- ○ in der Dämmerung
- ○ tagsüber

Ein Leckerbissen

Eine Steineule ist nicht wählerisch. Eigentlich frisst sie alles, was sie kriegen kann. Die unten genannten Tiere sind nur ein Beispiel. Erkennst du sie? Setz die Buchstaben, die vor ihren Namen stehen, unten in die Kreise ein. Wenn du alles richtig zuordnest, erhältst du das Lösungswort.

WO	Feldmaus
LE	Grasfrosch
GE	Regenwurm
EL	Rotkehlchen

○○ ○○ ○○ ○○

SUCH DIE UNTERSCHIEDE

Seh ich doppelt? Nein! Es gibt 10 Unterschiede zwischen beiden Bildern. Kannst du sie entdecken?

Malvorlage

QUALLE

Manchmal werden sie vom Meer an den Strand gespült. Dann liegen sie da, wie Geleepuddinge. So kannst du gut erkennen, wie einzigartig sie sind. Aber noch schöner ist es, den Quallen zuzusehen, wie sie langsam durch das Meer schweben ...

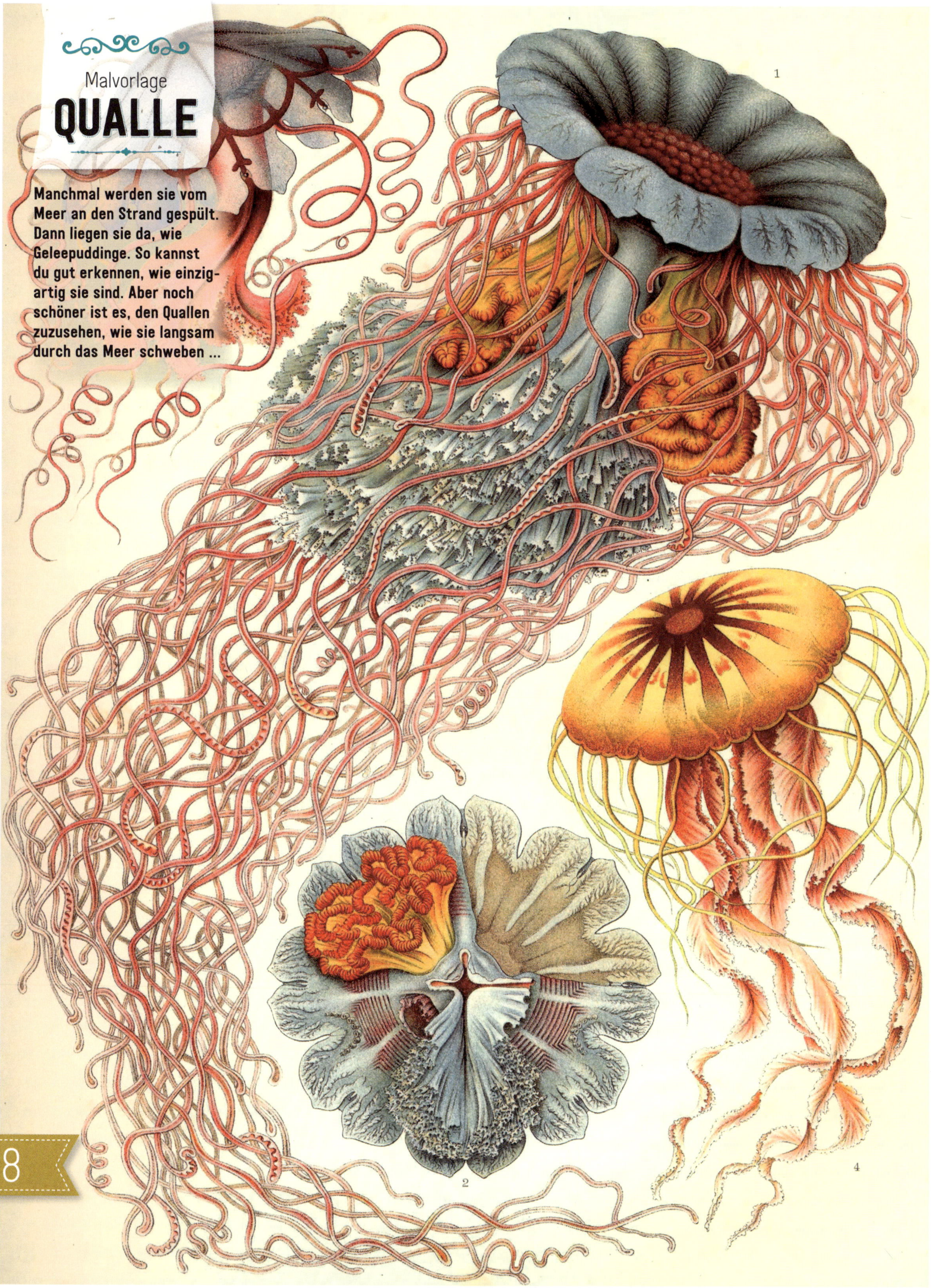

Merkwürdig, aber wahr: Die Kompassqualle beginnt ihr Leben als Männchen, wird dann aber langsam zum Weibchen. Zu einem bestimmten Moment ist diese Qualle dann gleichzeitig Männchen und Weibchen!

Au! Alle Quallen besitzen Nesselzellen. Einige von ihnen können deine Haut reizen. Dann fühlt es sich an, als seist du in eine Brennnessel gefallen. Zum Glück besitzen nicht alle Quallen, die du an unserer Küste siehst, Nesselzellen. Von den vier Arten, die du hier am häufigsten antriffst, lösen nur die Kompassqualle und die Blaue Nesselqualle einen Juckreiz aus. Ohrenqualle und Blumenkohlqualle sind ungefährlich.

WUSSTEST DU?

Quallen bestehen zu 98 Prozent aus Wasser.

Bohne & Co.

Dass Erbsen nicht an Bäumen wachsen, wusstest du natürlich schon. Aber wie wachsen sie dann? Das siehst du hier. Und jetzt weißt du auch, was mittags auf deinem Teller liegt.

DEYROLLE, 46, RUE DU BAC, PARIS

Säe deine eigenen

BOHNEN

Erbsen und Mais kannst du essen, aber eine Erbse oder ein Maiskorn allein macht keinen Sinn. Kein Problem. Du kannst aus nur einem Samenkorn – und eines reicht schon – eine ganze Portion machen. Wie das geht? Indem du den Samen einpflanzt. Wenn schon nicht für's Essen, dann wenigstens für's Vergnügen. Oder für beides. Viel Spaß, und lass es dir schmecken!

So geht es:

Such dir zuerst Samen von Bohnen, Erbsen, Mais, Getreide oder Sonnenblumenkerne. Sie sollten nicht gegart oder geröstet sein. Eventuell findest du den passenden Samen im Vogel- oder Tierfutter. Oder du fragst jemanden, der einen Gemüsegarten hat. Dann füllst du einige Blumentöpfe mit Erde.
Die Erde feuchtest du gut an und legst ein Samenkorn in jeden Topf. Schreib das Datum auf den Topf. Gieß die Samen regelmäßig und warte, bis sie beginnen zu keimen. Auch dieses Datum notierst du. Warte, bis daraus kleine Pflanzen werden. Wähle eine aus und zeichne sie. Wenn die Pflanze wächst, zeichne immer wieder ein neues Bild. So kannst du die Wachstumsstufen beobachten. Wenn die Pflanze irgendwann zu groß für den Topf ist, wird es Zeit, sie in den Garten oder Balkonkasten zu pflanzen. Dann musst du wieder etwas warten, bis du die Früchte ernten und genießen kannst!

AKROBAT

Halsbrecherische Klettertouren meistert dieser Waldbewohner
mit links – und rennt und fliegt von Baum zu Baum.
Doch auch ein Eichhörnchen wird irgendwann einmal müde.
Das ist der Moment, um es genauer zu betrachten.

Kräftiger

NAGER

Das Eichhörnchen ist ein Nagetier. Es knabbert gern Baumfrüchte wie Eicheln und andere Nüsse. Zudem frisst es gern Beeren, Blätter, Knospen, Pilze, Raupen, Baumrinde, Eier und manchmal auch Jungvögel.

Verborgene Talente

- = weglassen
+ = zufügen

Weißt du, was Eichhörnchen, abgesehen vom Klettern, noch alles gut können? Löse das Bilderrätsel, und entdecke die Antwort.

_ _ _   _ _ _ _ _ _ _

_ _ _ _   _ _ _

_ _ _ _ _ _ _ _ _ _

Gewusst? Eichhörnchen haben immer einen weißen Bauch! Der hebt sich schön von ihrem roten Fell ab.

Fischliebhaber

Fisch, ganz viel Fisch.
Das frisst der Seehund am allerliebsten.
Dieser Meeressäuger ist daher auch ein guter Fischer. In der Nordsee fängt er vor allem Flundern.
Junge Seehunde, die das Fischen noch lernen müssen, fressen Krebse, Krabben, Tintenfische und andere Schalentiere.

Wer frisst was?

SCHNAPPEN, SCHLUCKEN, WEG!

Das eine Tier frisst gern Frösche, ein anderes lieber Hühnchen. Was steht bei diesen Tieren auf dem Speiseplan? Male das Futter des Fuchses rot aus, das vom Seehund blau und das des Reihers grün.

Allesfresser

Wählerisch? Nein, das ist dieser stattliche Vogel ganz sicher nicht. Ob Barsch, Goldfisch, Maus, Frosch, Käfer, Eidechse oder manchmal sogar Maulwurf: Der Blaureiher verspeist sie alle mit Haut und Haaren. In einem Bissen!

Hühnerdieb

Der Fuchs macht sich lieber rar. Wie schade, denn mit seinem weichen roten Fell und dem flauschigen Schwanz sieht er wirklich schön aus. Aber sehr nett ist er nicht. Vor allem Mäuse müssen vor ihm auf der Hut sein, genauso wie Hühner und Enten – und auch Eier frisst er gern, neben reifen Brombeeren und diversen Käfern.

BLUMEN
auf dem Meeresboden

Sie sehen aus wie Blumen, aber in Wirklichkeit sind es Tiere. Seeanemonen gehören zur Familie der Quallen und besitzen auch Tentakel. Anders als Quallen wachsen Seeanemonen am Meeresboden und lassen ihre Tentakel im Wasser hin- und herschwingen. Damit können sie kleine Meerestiere fangen und auch fest zustechen. Da sie am Boden leben, wirst du sie nicht so leicht sehen.

AUSMALEN

Seeanemonen sind farbenprächtig. Nur auf dieser Seite nicht. Das kannst du ändern!

Zu wem gehört diese

SPUR?

Im Wald wimmelt es von Tieren.
Auch wenn sie sich nicht sehen lassen,
kannst du ihre Spuren entdecken.
Die Fußabdrücke, die du hier siehst,
sind von den neun Tieren auf der
gegenüberliegenden Seite.
Weißt du, welche Spur zu welchem
Tier gehört?

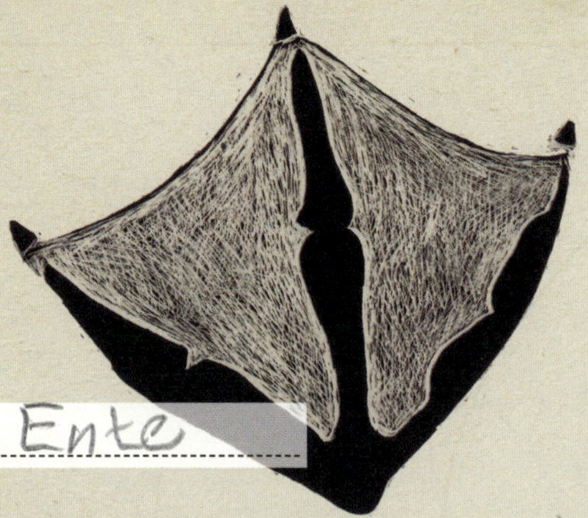

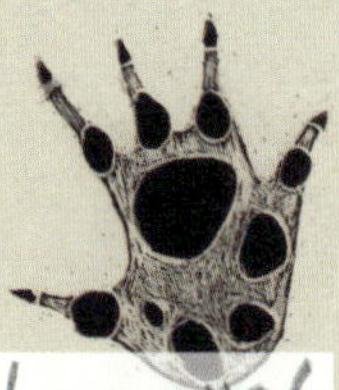

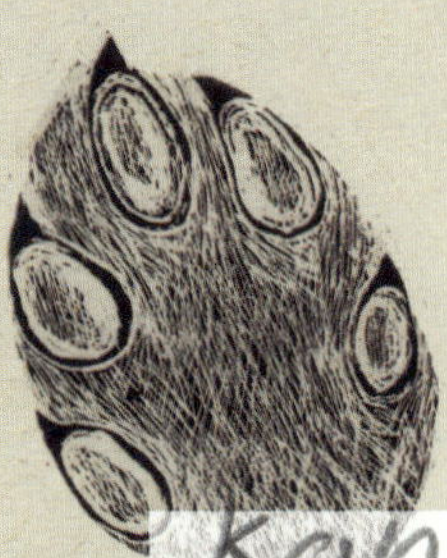

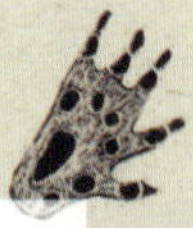

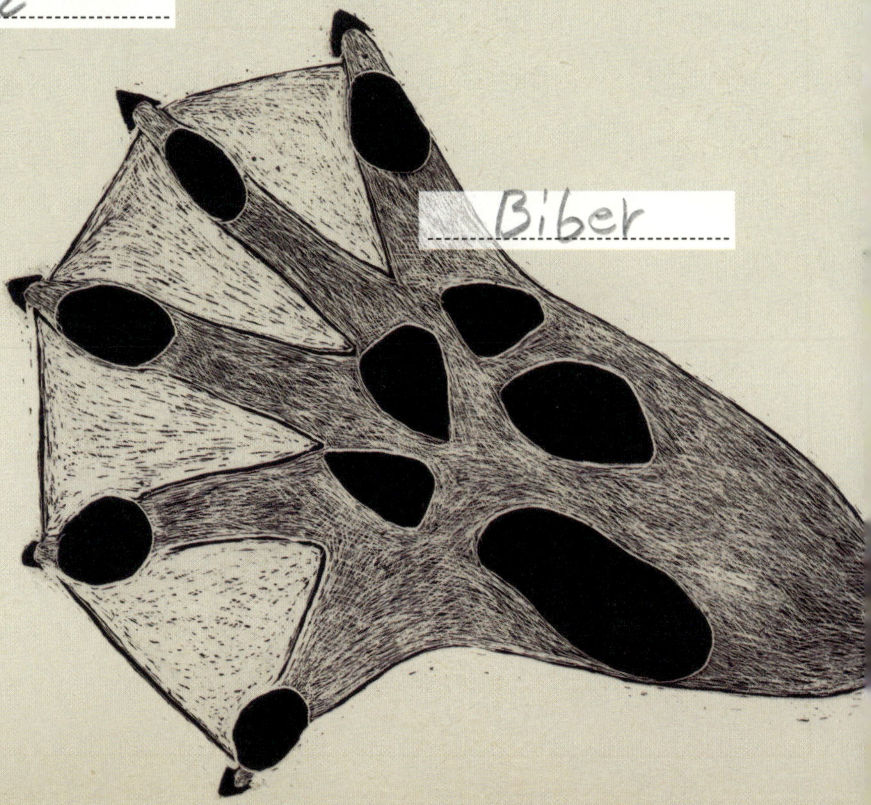

Kaninchen
Da sein dritter Zeh etwas länger ist, läuft der Fußabdruck des Kaninchens vorn spitz zu. Ein Vorderfuß misst meist 3 bis 4 cm.

Ente
Die deutlich erkennbaren Schwimmhäute zwischen den drei Zehen verraten, dass es sich hier um einen Wasservogel handelt. Die Fußabdrücke der Ente sind etwa 6 cm lang.

Dachs
Der Abdruck des Vorderfußes beim Dachs ähnelt dem eines Bären, doch ist er runder und kleiner, also ungefähr 5 cm. Es sind fünf Zehenkissen und lange Nägel zu erkennen.

Biber
An den Hinterfüßen mit Schwimmhäuten lässt sich gut erkennen, dass dieses Nagetier viel schwimmt. Der Abdruck seiner Hinterfüße ist relativ groß: etwa 15 cm.

Maulwurf
Eine Spur, die man nicht häufig sieht, denn der Maulwurf lebt meist unter der Erde. Und wenn, dann sind die Abdrücke etwas seltsam, weil er seine Vordergliedmaßen, mit denen er gräbt (1,5 cm), schräg aufsetzt.

Reh
Rehe besitzen gespaltene Hufe, die einen länglichen 5 cm langen Abdruck hinterlassen. Sie laufen – und rennen – sozusagen auf ihren Zehen.

Spatz
Das kleine Vögelchen hinterlässt winzige Spuren – höchstens 1,5 cm lang – mit drei Zehen vorn und einem kleinen Zeh hinten.

Pferd
Die schweren Hufe eines Pferdes hinterlassen im weichen Boden einen deutlichen Abdruck, wobei an der Unterseite ein Dreieck zu erkennen ist.

Igel
Die 2,5 cm langen Vorderfüße dieses stacheligen Gesellen fallen vor allem wegen der deutlich erkennbaren Finger und der langen Zehen auf.

Pferd

Zeit zum
SPIELEN

Rund drei bis vier Wochen nach der Geburt machen die jungen Füchse ihre ersten Schritte im Freien. Ihre Mutter passt dabei gut auf sie auf. Wenn sie zu weit weglaufen, holt sie ihre Kleinen wieder zurück. So lange, bis sie groß genug sind, um allein die Gegend unsicher zu machen.

Echt clever

Kennst du den Spruch: »Schlau wie ein Fuchs«? So bezeichnet man gern jemanden, der ganz schön clever ist. Zwar kann das Tier selbst nicht rechnen, aber es lernt schnell – zum Beispiel, wo es seine Hühner fangen kann. Außerdem ist der Fuchs vorsichtig und geduldig. Das sind schöne Eigenschaften!

FUCHS

in Farbe

Vor allem im Winter sehen Füchse wirklich prächtig aus. Sie haben dann ein besonders dickes Fell in den schönsten Farben: von Rotbraun bis fast Silber. Dieser Fuchs sieht allerdings noch etwas blass aus. Kannst du ihm Farbe geben?

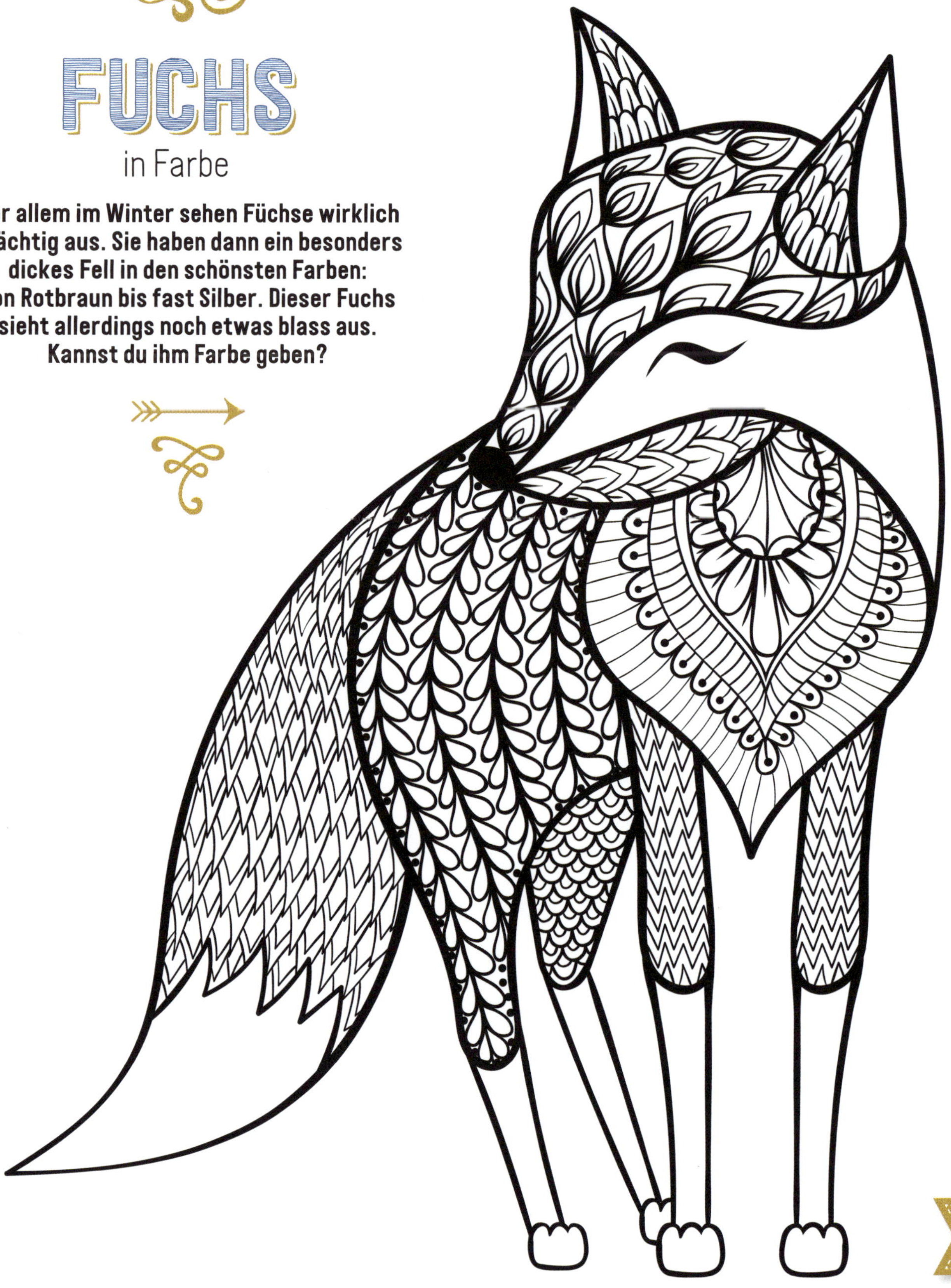

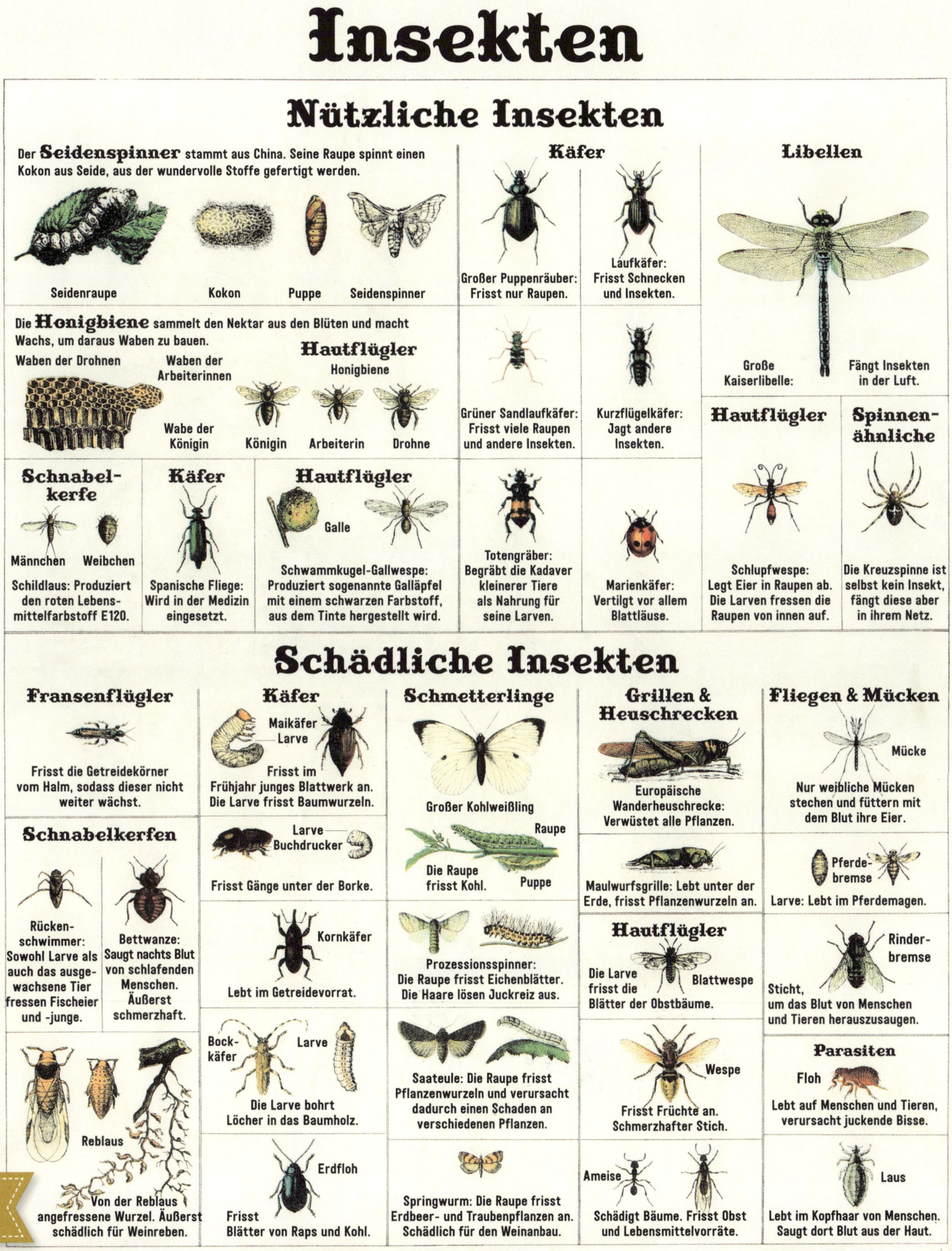

DEYROLLE, 46, RUE DU BAC, PARIS

Gib ihnen

FLÜGEL

**Oder auch Füße. Oder Streifen.
Oder leuchtende Farben. Oder ...
Mach, was dir gefällt,
und entwirf deine eigenen
Fantasietiere.**

Errate das Alter

**Weißt du, wie alt diese Marienkäfer sind?
Die Antwort findest du hinten im Buch.**

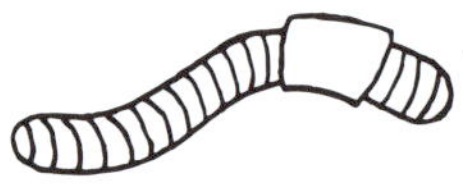

Versteckt!

Die unten genannten Worte stehen auch in diesem Puzzle. Kannst du sie finden? Sie stehen ⟶ ↕ ↕ und ⟵. Wenn du die Suchwörter durchstreichst, bleiben 18 Buchstaben übrig. Sie bilden ein Lösungswort.
Ein Tipp: In fast jeder großen Stadt im Botanischen Garten findest du eines. Ein Besuch dort lohnt sich!

E	Z	N	A	W	R	E	F	E	A	K	K	C	O	B
G	S	H	E	U	S	C	H	R	E	C	K	E	N	E
G	N	I	L	S	S	I	E	W	L	H	O	K	I	H
E	S	I	E	M	A	T	P	R	A	T	K	E	N	C
S	U	A	L	B	E	R	P	E	N	H	O	R	D	I
M	A	C	L	U	R	A	U	P	E	M	N	H	S	T
E	L	R	E	N	N	I	P	S	N	E	D	I	E	S
R	N	E	B	L	A	T	T	W	E	S	P	E	R	A
B	S	L	I	T	R	E	F	E	A	K	I	A	M	H
M	A	U	L	W	U	R	F	S	G	R	I	L	L	E

Blattwespe
Seidenspinner
Raupe
Bockkäfer
Kokon
Kohlweißling
Laus
Bremse

Libelle
Maikäfer
Ameise
Stich
Puppe
Maulwurfsgrille
Heuschrecken
Drohne

Reblaus
Wanze
Nektar

ZAUBER-
Tiere

Such die Unterschiede

Vom Gemeinen Flugdrachen bis zum Kammmolch: Alle hier abgebildeten Tiere sehen aus wie Zauberwesen. Sie verändern ihre Farbe, wenn sie auf der Suche nach einem Weibchen sind. Und manchmal sind sie dann nicht mehr zu erkennen! Um es noch schwieriger zu machen, sind hier zusätzlich 10 Unterschiede versteckt. Kannst du sie finden?

SCHMETTERLINGE

entdecken

Hauhechel-Bläuling

Datum:

Ort:

Datum:

Ort:

Zitronenfalter

Datum:

Ort:

Kleiner Fuchs

Datum:

Ort:

Kleiner Kohlweißling

Datum:

Ort:

Kleiner Feuerfalter

C-Falter

Datum:

Ort:

Admiral

Datum:

Ort:

Datum:

Ort:

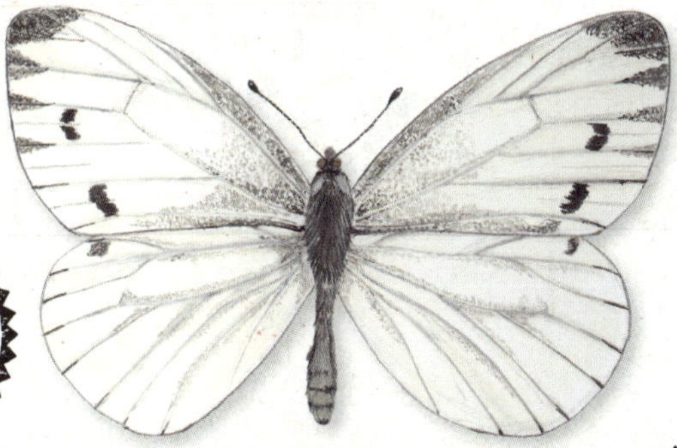

Rapsweißling

Datum:

Ort:

Waldbrettspiel

Schmetterlinge kannst du an sonnigen Stellen mit vielen Blumen entdecken. Die kleinen Flatterer auf dieser Seite wirst du im Sommer ganz bestimmt sehen, denn sie sind in Deutschland häufig anzutreffen. Hast du schon einen entdeckt? Notiere, wann und wo das war!

AUSMALEN

Das ist ein Tagpfauenauge, auch wenn er hier eher einem Weißling gleicht. Kannst du ihn mit den passenden Farben ausmalen?

1 2 3 4 5 Die Felder ohne Nummer bleiben weiß.

Seltene

FLATTERER

Papillon
Wanderfalter aus dem Süden. Äußerst selten bei uns, aber 2013 sah man ihn plötzlich überall.

Aurorafalter
Nur die Männchen haben eine orange Flügelspitze. Du kannst sie überall entdecken, aber meist nicht viele gleichzeitig.

Mittlerer Perlmuttfalter
Immer seltener anzutreffen. Lebt überwiegend auf Sandböden und in Dünengebieten, z. B. auf den ostfriesischen Inseln.

Blauer Eichel-Zipfelfalter
Auf Sandböden und in der Nähe von Eichen zu finden.

Sechsblatt-Widderchen
Lebt überall im Land. Schau mal auf den Blüten von Disteln nach.

Landkärtchen
Bei diesem Sommerschmetterling ist die Oberseite schwarz mit einem orangerotem und einem weißen Band. Früher sah man das Landkärtchen nur im Süden und Osten, aber inzwischen ist er überall im Land heimisch.

Distelfalter
Wanderfalter. In einigen Jahren sieht man ihn oft, in anderen wieder weniger.

Kleiner Perlmuttfalter
Entlang der Küste anzutreffen, doch kann er im Sommer auch wandern.

Kleines Wiesenvögelchen
Vor allem auf Sandböden und in Dünengebieten anzutreffen.

Wenn du einen dieser Schmetterlinge entdeckst, bist du ein Glückspilz. Denn meist sieht man sie nicht sehr häufig, vor allem nicht bei uns. In Frankreich, der Schweiz und in anderen blütenreichen Feriengebieten ist die Wahrscheinlichkeit etwas höher, sie herumflattern zu sehen. Wie praktisch, wenn du dann dieses Buch dabei hast!

Vom Ei zum Schmetter-ling

Start

Der Schwalbenschwanz ist ein großer schöner Schmetterling, der vor allem im südlichen Europa heimisch ist. Doch kommt er immer häufiger auch im Norden vor. Die Raupen fressen Wurzelpflanzen, Schwarzmöhren, aber auch Pflanzen im Gemüsegarten. Hier siehst du, wie sich ein Schwalbenschwanz vom Ei zur Raupe bis zur Puppe verändert. Nach einiger Zeit verpuppt er sich, und heraus kommt dann ein Schmetterling. Ein Wunder!

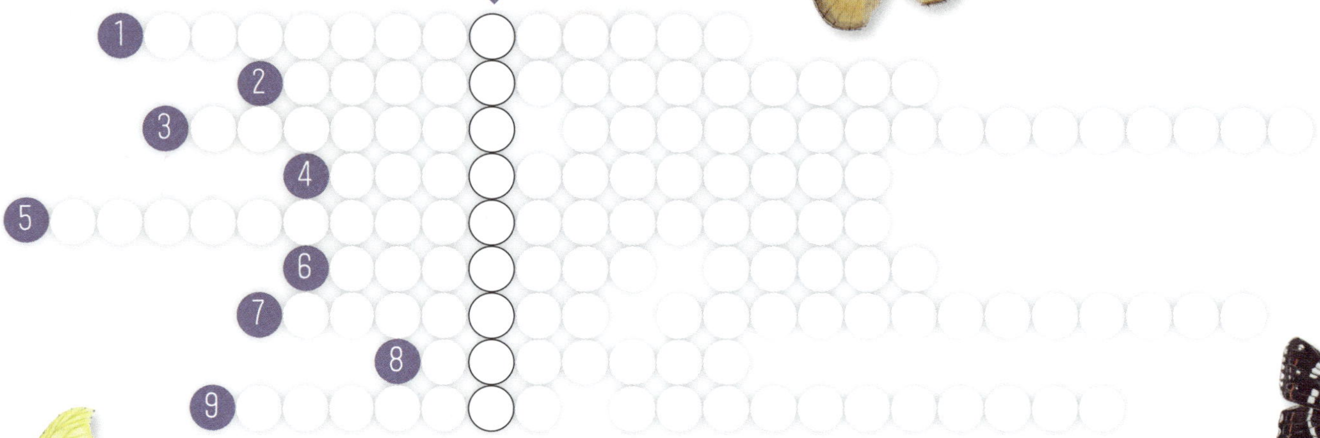

Schmetterlingsrätsel

Wenn du dieses Worträtsel lösen möchtest, dann nutze die Abbildungen von Seite 26 und 28. Wenn du alles richtig gemacht hast, dann kannst du von oben nach unten den Namen des Schmetterlings mit dem Fragezeichen lesen.

Gut gerüstet

Um gut trommeln und hacken zu können, verfügen Spechte über spezielle Werkzeuge. Sie haben besonders große und scharfe Krallen, extrasteife Schwanzfedern, die ihnen als Kletterhilfe dienen, und einen Schnabel, der wie ein harter Meißel ist und mit dem sie sogar Nägel umbiegen können. Außerdem sind ihre Hälse und Köpfe speziell ausgerüstet, damit sie niemals Kopfschmerzen bekommen.

KLOPF, KLOPF

Wer ist da?

Es ist der Specht!
Er trommelt gegen den Baum, um eine Partnerin zu finden, und hackt Nester in den Stamm. Ohne Unterlass. Manchmal klopft er bestimmt 12 000 Mal am Tag. Wirklich! Was weißt du über diesen lärmenden Vogel?

Spechte lieben Insekten. Sie picken sie mit ihrem spitzen Schnabel aus der Baumrinde. Hilfst du diesen beiden Raupen, den Weg ins Innere des Baumes zu finden? Dann sind sie hoffentlich vor den langen, klebrigen Spechtzungen sicher ...

← Wahr / Falsch

Verrückt nach

BLUMEN

Hummeln lieben Blumen, aber nicht die langweiligen weißen. Aber welche Farben mögen sie? Nun ja, wirklich wählerisch sind sie nicht – solange sie ausreichend Nektar und Pollen finden. Lass deiner Fantasie freien Lauf!

Familie

Die Hummel gehört zur Familie der Bienen. Die beiden ähneln sich, aber es gibt auch deutliche Unterschiede. Eine Hummel ist beispielsweise größer und hat ein warmes, haariges Fell. Damit kann sie auch noch umherfliegen, wenn es draußen kälter wird.

Blumen selbst färben

Das brauchst du:

- weiße Rosen oder Gerbera
- flüssige Wasserfarbe oder Lebensmittelfarbe – je mehr Farben, desto besser
- Vase oder Glas
- Nadel

So geht's:

Etwas Farbe in das Glas oder die Vase gießen, sodass der Boden bedeckt ist. Noch einen großen Schuss Wasser hinzufügen. Dann den Stiel der Blume kurz abschneiden – je länger der Stiel ist, desto länger dauert es, bis sich die Blüte verfärbt. Dann piekst du direkt unter dem Blütenkopf mit der Nadel ein Loch in den Stängel. Anschließend kannst du die Blüte in die Vase stellen. Und dann ... abwarten!

Das Ei

Drei Wochen nach der Befruchtung schlüpft das Küken.

TAG 1

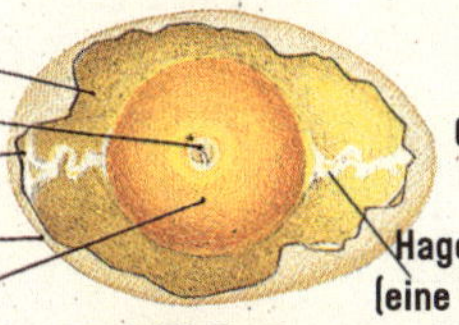

TAG 3

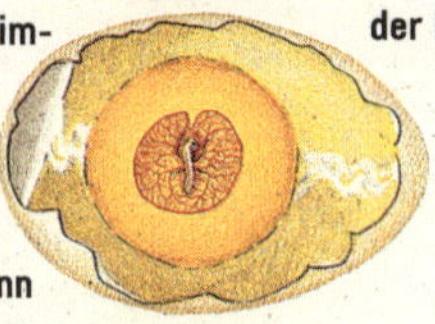

Mitten auf dem Eigelb liegt die Keimscheibe. Wenn du genau hinschaust, siehst du den Embryo. Das ist der Beginn eines neuen Kükens.

TAG 5

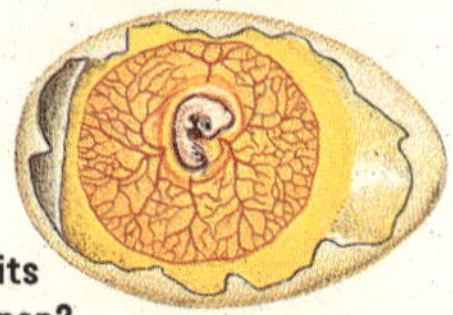

Blutgefäße sorgen für das Wachstum des Embryos. Kannst du bereits den Kopf erkennen?

TAG 7

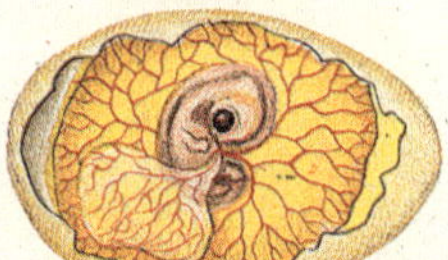

Der Embryo ähnelt schon ein wenig einem Küken.

TAG 9

TAG 11

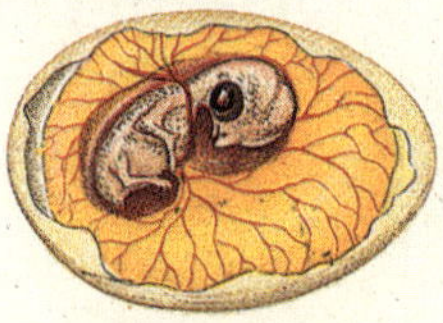

TAG 13

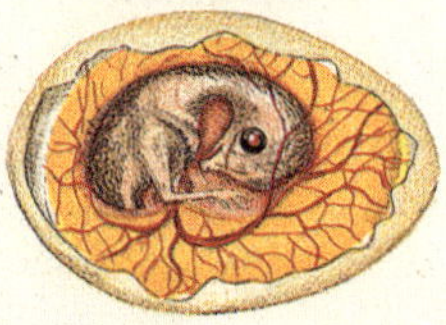

TAG 16

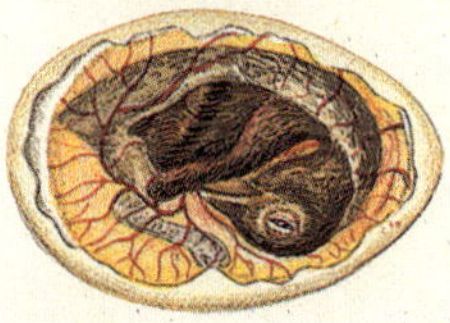

TAG 20

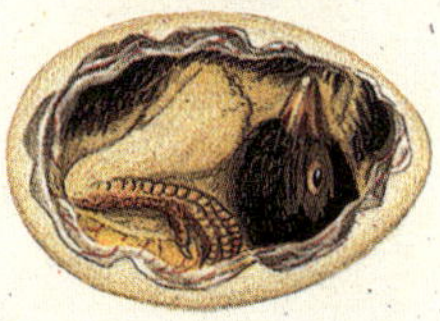

TAG 21

Das Küken durchbricht die Eierschale und schlüpft heraus. Es kann sofort laufen.

Der Schnabel hat eine harte Spitze. Mit diesem Eizahn kann das Küken die Schale von innen aufbrechen. Nach dem Schlüpfen wird der Eizahn meist abgeworfen.

Das Huhn

Das ist das Skelett eines Huhns – vom Kopf bis zu den Zehen.

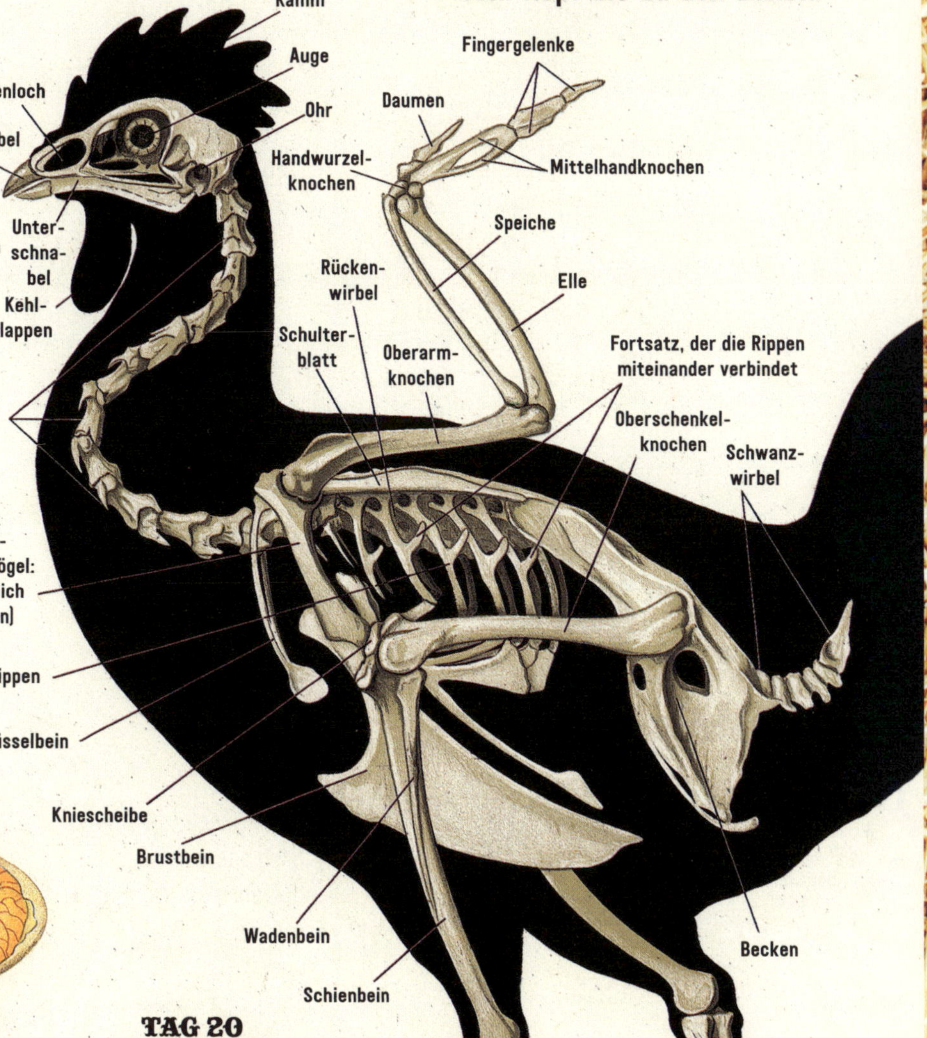

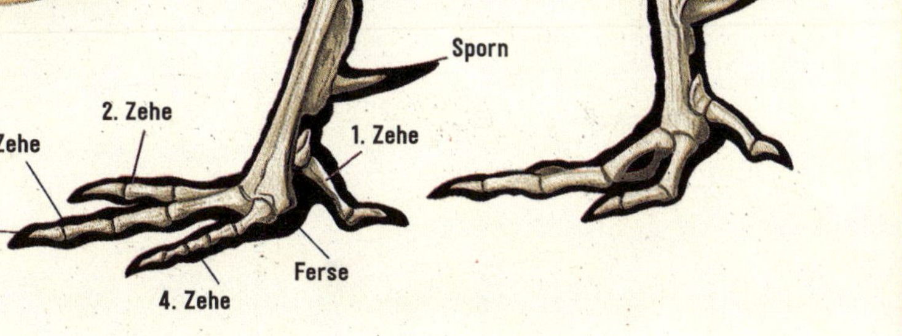

DEYROLLE, 46, RUE DU BAC, PARIS

4 TRICKS mit Eiern

Eier kannst du essen. Aber du kannst auch diese vier Versuche anstellen. Sie sind lehrreich und machen Spaß.

TRICK 1
Gekocht oder nicht?

Nimm ein gekochtes und ein ungekochtes Ei. Dreh eines der beiden schnell im Kreis. Leg einen Finger auf das Ei, damit es sofort stoppt. Dreht es sich weiter? Dann ist es ungekocht. Gekochte Eier bleiben sofort liegen.

Wie funktioniert das?

Das flüssige Eigelb und Eiweiß drehen sich in der Eierschale weiter, wenn du das Ei anhältst.

TRICK 2
Ei in der Flasche

Du brauchst: ein gepelltes, hart gekochtes Ei und eine Glasflasche mit einem breiten Flaschenhals. Gieß kochendes Wasser in die Flasche. Halte die Flasche mit einem Topflappen fest und schüttele das Wasser. Gieß das Wasser wieder heraus und setze das Ei auf die Öffnung. Plopp! Das Ei wird in die Flasche gesaugt.

Wie funktioniert das?

Der Dampf kühlt ab. Dadurch nimmt der Druck in der Flasche ab und das Ei wird in die Flasche gesaugt.

Gut zu wissen:
Möchtest du wissen, ob du das Ei noch essen kannst? Dann lege es in ein Gefäß mit Wasser. Ein frisches Ei sinkt zu Boden, ein verdorbenes Ei schwimmt auf dem Wasser. Das Wasser aus dem Eiweiß verdampft nach und nach, sodass ein älteres Ei eine größere Luftkammer besitzt. Es bilden sich Gase, die das Ei treiben lassen. So lässt sich auch der fiese Geruch fauler Eier erklären.

TRICK 3
Starke Eierschalen

Gibt es gekochte Eier zum Frühstück? Umwickle die Mitte des Eis mit Klebeband, damit die Schale beim Schneiden nicht zerbricht. Schneide es nun in der Mitte durch, und löffle den Inhalt aus. Bewahre mindestens drei leere Schalen auf und lege sie, mit der runden Seite nach oben, auf den Fußboden. Leg ein Buch darauf und stapele weitere Bücher auf, bis die Eierschalen brechen. Du wirst sehen, dass die Eierschalen stärker sind als gedacht.

Wie funktioniert das?

Eine Kuppel kann ein hohes Gewicht tragen, da der Druck verteilt wird. So ist es auch beim Brückenbogen oder beim Kirchendach.

Schwimmendes Ei

Leg ein frisches Ei in ein Glas und gieß Wasser dazu. Das Ei bleibt auf dem Boden liegen. Nun gibst du noch etwas Salz hinzu. Nicht nur ein Prise, sondern richtig viel. Rühr alles mit dem Löffel um, damit das Salz sich auflöst. Und ... das Ei wird schwimmen.

Wie funktioniert das?

Salzwasser ist schwerer als Süßwasser. In einer schweren Flüssigkeit können Gegenstände besser schwimmen. Bei einem Ei macht das Salz genau den kleinen Unterschied zwischen Sinken und Schwimmen aus.

TRICK 4

Leckere FISCHE

Fisch, ganz viel Fisch. Den frisst der graue Seehund am liebsten. Und zwar durchschnittlich rund fünf Kilo am Tag! Wenn du die Fische ausmalst, findet der Seehund sie schneller. Wie viele wird er heute wohl fangen?

Vogelfrei

Während der Paarungszeit haben diese Fische für kurze Zeit nichts zu befürchten. Der Seehund frisst dann sechs Wochen lang gar nichts!

Schwimm-Champion

Schwimmen kann der Seehund wie kein Zweiter. Er kann sehr tief tauchen und bestimmt 20 Minuten unter Wasser bleiben.

Der Frosch

Sein Leben beginnt in einem Klumpen Froschlaich. Dann wird er zur Kaulquappe – zuerst ohne, dann mit Beinen. Schließlich entwickelt er sich zum Frosch, der munter quakt und am Ufer eines Grabens oder Teichs umherspringt.

Das Skelett

Ein Frosch kann im Wasser und an Land leben. Hier kannst du sehen, wie sein Skelett aufgebaut ist.

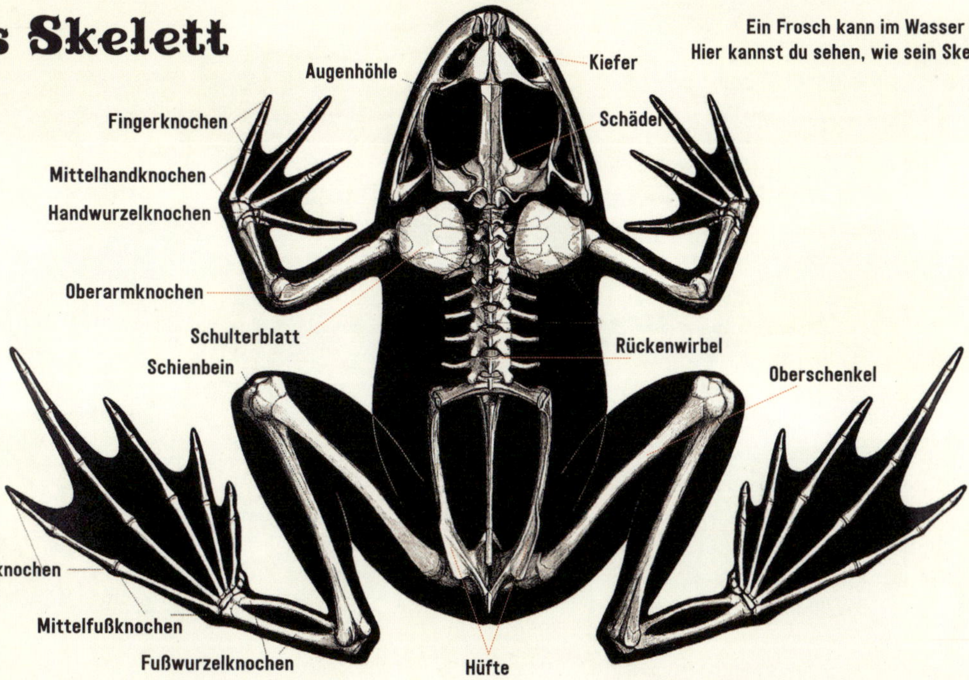

Vom Laich zum Frosch

Ei

Die Kaulquappe schlüpft beinah.

Junge Kaulquappe mit Kiemen an den Wangen.

Die Kiemen sitzen nun hinter den Wangen.

Die Hinterbeine sind erkennbar.

Die Vorderbeine und Augen, die für das Leben an Land angepasst sind, wachsen als letzte. Einige Frösche verlassen schon das Wasser, obwohl sie noch einen Restschwanz haben.

Frosch oder Kröte?

Wie kann man Frosch und Kröte auseinanderhalten?
Achte auf die folgenden fünf Unterschiede:

Haut
Der Frosch hat eine glatte Haut, die Kröte hat Wülste.

Bewegung
Der Frosch springt, die Kröte läuft.

Lebensumfeld
Der Frosch lebt größtenteils im Wasser, die Kröte meist an Land.

Hinterbeine
Der Frosch hat lange Hinterbeine, die Kröte kurze.

Augen
Der Frosch besitzt runde Pupillen. Die Pupille der Kröte hat die Form eines Streifens.

Quaaaak ist verliebt

Lies diese Geschichte deinem Bruder, deiner Schwester oder deinen Eltern vor. Sag immer »Quaaak«, wenn ein farbiges Wort im Text erscheint. Lies die Geschichte anschließend noch einmal vor und frag bei jedem Quaaak, welches Wort dort stehen muss: Wasser oder Frosch oder Kaulquappe. Zähl mit: Wer die wenigsten Fehler macht, der gewinnt.

Im **Wasser** sitzt Herr **Frosch**. Er ist verliebt. Er quakt und quakt und schaut und schaut. Plötzlich entdeckt er sie: Was für eine hübsche Frau **Frosch**. An ihrem dicken Bauch ist gut zu erkennen: Sie hat noch keine Eier abgelegt. Herr Frosch geht zu ihr. Er springt auf ihren Rücken und hält sich gut fest. Dann ist es so weit. Frau **Frosch** legt ihre Eier ab. Das Männchen lässt sofort seinen Samen darüber laufen. Sobald die Eier ins Wasser gleiten, passiert ein Wunder: Die Eier saugen sich mit **Wasser** voll und bilden einen Klumpen **Frosch**laich. Viel größer als die beiden **Frosch**eltern zusammen.

Vater und Mutter gehen wieder ihre eigenen Wege. Der Klumpen **Frosch**laich bleibt im **Wasser** treibend zurück. In dieser schleimigen Masse stecken Hunderte kleiner schwarzer Kugeln. Nach einigen Tagen haben diese ihre Form verändert. Nach einer weiteren Woche sehen sie aus wie kleine Fische. Einige bewegen sich schon.

Wieder drei Tage später winden sich die **Kaulquappen** ins Freie. Sie bleiben noch kurze Zeit am Laich hängen. An ihren Wangen hat sich eine Art Backenbart gebildet. Das sind die Kiemen, damit sie unter Wasser auch atmen können.

Die **Kaulquappen** fressen den ganzen Tag. Sie kratzen Algen von den **Wasser**pflanzen. Nach fünf Wochen sind sie ein gutes Stück gewachsen und dicker geworden.

Dann sind außen keine Kiemen mehr zu sehen, aber es haben sich Hinterbeine herausgebildet. Nach zehn Wochen ähneln die **Kaulquappen** allmählich einem **Frosch**. Sie müssen immer wieder auftauchen, um Luft zu holen, denn sie haben inzwischen Lungen, und die arbeiten unter **Wasser** nun mal nicht. Nach drei Monaten sind sie zu echten **Fröschen** geworden. Nun ja, zu kleinen **Fröschen**. Immer noch kleiner als ein Bleistiftanspitzer, aber sie können schon hüpfen und Insekten fangen. Zeit, das **Wasser** zu verlassen und sich ins echte **Frosch**leben zu stürzen.

STRAND

Fundstücke

Am Strand kannst du wunderbare Dinge finden. Schau dir diese an!

Gehäuse einer Amerikanischen Schwertmuschel. Die Muschel besteht aus zwei Schalen und lebt eingegraben im Sandboden.

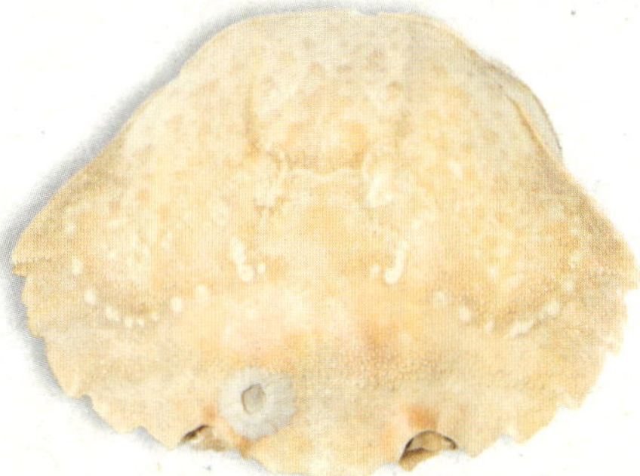
Rückenschild einer Strandkrabbe

Seepocken (festsitzende, krebsähnliche Tiere)

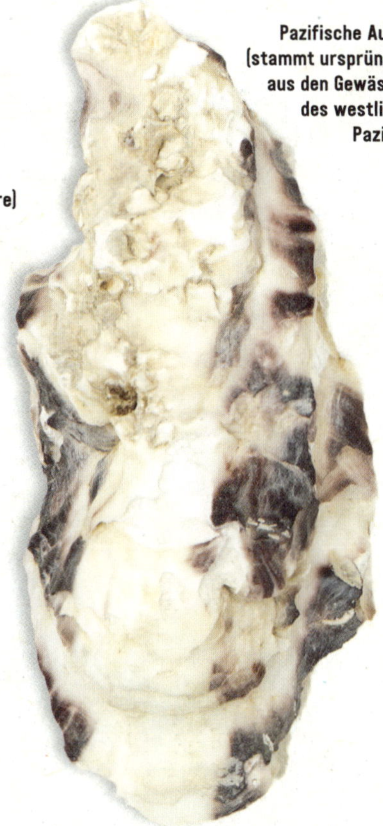
Pazifische Auster (stammt ursprünglich aus den Gewässern des westlichen Pazifiks)

Haus einer Mondschnecke (Meeresschnecke)

Schulp, Innenskelett einer Sepia (Tintenfisch)

Wellhornschnecke (eine große Meeresschnecke)

Skelett eines Seeigels. Das Skelett ist ohne Stachel.

Eikapsel eines Rochens

Napfschnecke (Meeresschnecke mit einer napfförmigen Schale als Haus)

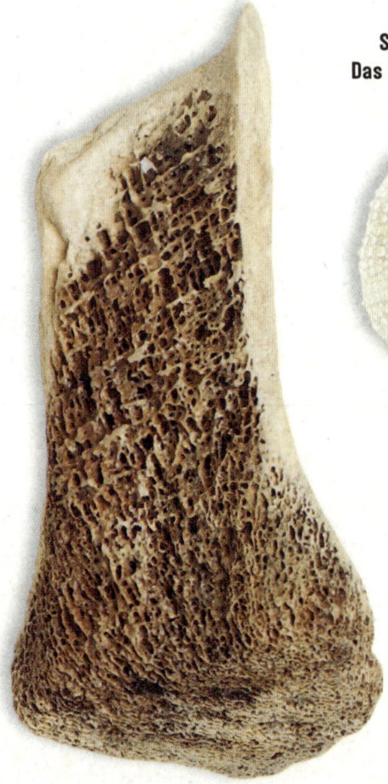
Stück eines Knochens

Schere einer Krabbe

Muschel einer Auster

EIN STARKES STÜCK

Die meisten Seesterne haben fünf »Arme«. Diese spitz zulaufenden Arme sind ausgestattet mit Stacheln und Saugnäpfen und an der Oberseite sitzt eine Art Auge. Und das Besondere ist, dass ein abgebrochener Arm einfach nachwächst.

Gigantisches GEWEIH

Hier siehst du sechs Geweihe. Von sechs verschiedenen Hirschen? Falsch! Es ist immer das Geweih von »Gigant«, einem großen Rothirsch, der im niederländischen Naturpark »De Hoge Veluwe« lebt. Genau wie bei den meisten Hirschen trägt nur der männliche Rothirsch ein Geweih auf dem Kopf. Dieses besteht aus zwei Teilen: einer rechten und einer linken Knochenstange. Am Ende des Winters brechen diese Stangen ab. Und der Förster – eine echt gute Spürnase – hat die Stangen von »Gigant« alle gefunden. Du kannst sie oben auf dieser Seite sehen, jeweils mit Jahreszahl daneben. Kurze Zeit später wachsen an den Stellen des alten Geweihs zwei behaarte Knubbel. Und aus denen wächst in den nächsten fünf Monaten wieder ein neues Geweih. Manchmal sogar noch größer und schöner als das Geweih aus dem Vorjahr. Wenn allerdings der Hirsch weniger Nahrung findet oder krank ist, wird das neue Geweih nicht so schön und groß.

Das ist das Geweih von »Gigant«. Erkennst du, aus welchem Jahr es stammt? Notiere die Jahreszahl.

Gib ihm sein stolzes Aussehen zurück

Kannst du es für ihn zeichnen? Verbinde die Zahlen von 1 bis 199 mit einer Linie.

FARB-
Explosion

Hast du eine große Familie? Nun, die Familie der Orchideen ist garantiert noch größer. Sie besteht nämlich aus mehr als 25 000 Sorten! Und sie alle sind verschieden: Ein bunter Haufen.

NICHT PFLÜCKEN!

Wilde Orchideen sind äußerst selten. Sie stehen daher unter Naturschutz. Das bedeutet, dass du sie nicht pflücken darfst. Wenn du sie also irgendwo entdeckst – etwa im Naturschutzgebiet Leutratal in Thüringen, denn dort wachsen sie noch zahlreich -, dann bestaune sie, aber lass sie stehen.

Silbermöwe
Schleiereule
Fichtenkreuschnabel
GroserBundspecht
Nachtigall
WaserHahn
Kleiber
Eisvogel
Kiebitz

Eier

Wem gehört das Ei?

Im Mai legen alle Vögel ein Ei, also fast alle. Die neun Eier auf der gegenüberliegenden Seite gehören zu den folgenden Vögeln. Schau sie dir an und vergleiche sie. Weißt du, welches Ei zu welchem Vogel gehört?

Kiebitz
Nistplatz: auf dem Wiesenboden. **Zahl der Eier:** meistens 4 (4,7 × 3,3 cm). **Brutzeit:** Ende März (manchmal früher), Anfang April.

Schleiereule
Nistplatz: häufig in einer Scheune oder in einem Nistkasten. **Zahl der Eier:** meistens 4 bis 7 (4 × 3,2 cm). **Brutzeit:** April oder früher.

Kleiber
Nistplatz: in einer Höhle.
Zahl der Eier: meistens 6 bis 9 (2 × 1,5 cm).
Brutzeit: Ende April, Anfang Mai.

Silbermöwe
Nistplatz: auf dem Boden.
Zahl der Eier: meistens 2 bis 3 (7 × 4,9 cm).
Brutzeit: Ende April.

Wasserhuhn
Nistplatz: auf oder am Wasser.
Zahl der Eier: meistens 5 bis 11 (4,5 × 3,1 cm).
Brutzeit: zwischen März und August.

Fichtenkreuzschnabel
Nistplatz: in einem Nadelbaum.
Zahl der Eier: meistens 3 bis 4 (2,2 × 1,6 cm).
Brutzeit: meistens Ende März, Anfang April.

Nachtigall
Nistplatz: zwischen Brennnesseln.
Zahl der Eier: meistens 4 bis 5 (2,1 × 1,5 cm).
Brutzeit: Anfang bis Mitte Mai.

Eisvogel
Nistplatz: eine selbst gemachte Öffnung an einem Steilufer. **Zahl der Eier:** meistens 6 bis 7 (2,3 × 1,9 cm). **Brutzeit:** Ende April, manchmal auch schon Ende März.

Großer Buntspecht
Nistplatz: ein selbst ausgehöhltes Baumloch.
Zahl der Eier: meistens 4 bis 7 (2,6 × 2,0 cm).
Brutzeit: Mitte Mai.

REGENBOGEN-
Tier

Ein Chamäleon kann seine Augen unabhängig voneinander bewegen und besitzt zangenartige Füße. Aber am auffälligsten ist seine Farbe. Damit kann das Chamäleon zeigen, wie es sich fühlt. Die Tiere auf der nächsten Seite fühlen sich in ihrer schwarz-weißen Haut sehr unwohl. Machst du sie bunt?

Nachmacher

Das Chamäleon ist natürlich nicht das einzige Tier, das seine Farbe ändern kann. Auch viele Geckos, Leguane – die Familie der Schuppenechsen – und andere Reptilien, wie einige Schlangen und Schildkröten, können ihre Farbe verändern.

Glücklich oder böse?

Böse, traurig, verliebt oder gestresst: Wenn etwas passiert, was sich auf die Laune des Chamäleons auswirkt, wechselt das Tier seine Farbe. Es »spricht« also mit seiner Haut. Ist es böse? Dann bekommt es leuchtende Farben. Krank? Dann wird die Haut blass. Und wenn das Weibchen schwanger ist? Dann erzählt sie das dem Männchen – jawohl – mit einer Farbveränderung.

Blatt

Durch Regen und Sonne bekommt ein Baum Energie, um zu wachsen. Die Blätter nehmen das Sonnenlicht auf. Jeder Baum hat andere Blätter. Eigentlich ganz praktisch, denn so kannst du verschiedene Bäume gut bestimmen.

Blüte

Blüten werden zu Früchten und Samen. Aber nur, wenn der Pollen anderer Blüten zu ihnen gelangen kann.

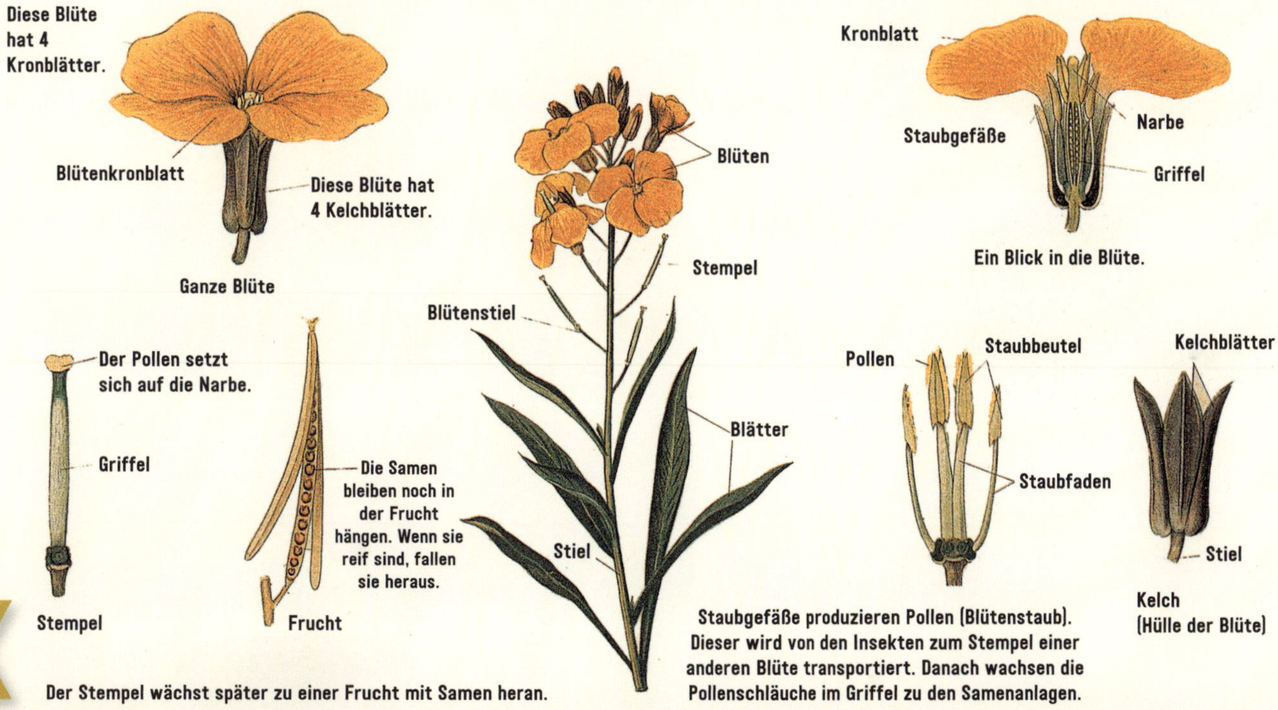

DEYROLLE, 46, RUE DU BAC, PARIS

Von welchem Baum stammt dieses Blatt?

Auf Seite 50 siehst du fünf Blätter. Finde mit diesem Rätsel heraus, von welchem Baum sie stammen.

START

Besteht das Blatt aus mehreren Teilen?
- ja → **Hat das Blatt fünf oder sieben Blattteile, die in einer Spitze münden?**
  - ja → Ross-kastanie
  - nein → Akazie
- nein → **Ist das Blatt buchtig geformt?**
  - nein → Ahorn
  - ja → **Ist der Blattrand buchtig geformt?**
    - ja → Eiche
    - nein → Weide

Platt gemacht!

Du kannst gesammelte Blüten oder Blätter lange aufbewahren, wenn du sie presst. Das geht so:

- Lege das Blatt oder die Blüte zwischen zwei Papierblätter.
- Lege sie in ein altes dickes Buch. (Nicht in ein Buch, das schön bleiben soll!)
- Beschwere dieses Buch beispielsweise mit einigen Büchern.
- Nach einer Woche kannst du nachsehen, wie Blätter oder Blüten geworden sind. Du kannst aber auch eine spezielle Pflanzenpresse kaufen. (Oder selbst eine bauen, wenn du geschickt bist.)

Die Farbe der Herbstblätter ist von Baum zu Baum unterschiedlich. Aber sie hängt auch vom Standort des Baumes ab. Es ist also im Herbst immer wieder eine Überraschung, welches Farbenspiel uns geboten wird.

Wusstest du schon?

Darum verfärben sich Blätter so schön

Eigentlich sitzen die Farben Orange und Gelb sowieso schon in einem Blatt. Im Sommer kannst du das nur nicht sehen. Und dafür gibt es Gründe: Jeder Baum ist im Prinzip eine Art Fabrik. Mit dem Wasser aus dem Boden, dem Gas aus der Luft und dem Licht der Sonne produzieren Bäume komplexe Stoffe. Einer davon ist ein Stoff, der die Blätter grün färbt. Wenn die Sonne im Herbst weniger scheint, dann fährt die Fabrik ihre Arbeit langsam herunter – es werden keine Stoffe mehr produziert und das Grün verschwindet. Und dann kommen Orange und Gelb zum Vorschein.

Überall

BLÄTTER

Vom frischen Grün im Frühling bis zum Gelb, Orange und Rot im Herbst: Blätter können (fast) alle Farben des Regenbogens annehmen.

Flügelfeder eines Blaureihers

Flügel eines Eichelhähers

ICH LIEBE BLAU

Eine schöne Sammlung von Federn. Zumindest, wenn du Blau magst.

Rückenfeder eines Käfigvogels

Feder eines Sittichs

Flügelfeder eines Eichelhähers

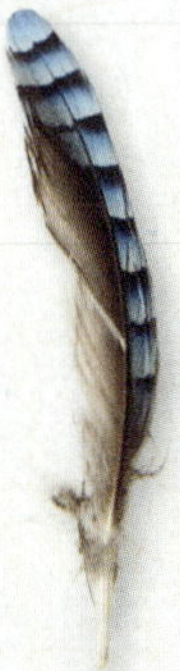

Feder eines Sittichs

Flügelfeder einer Blauracke

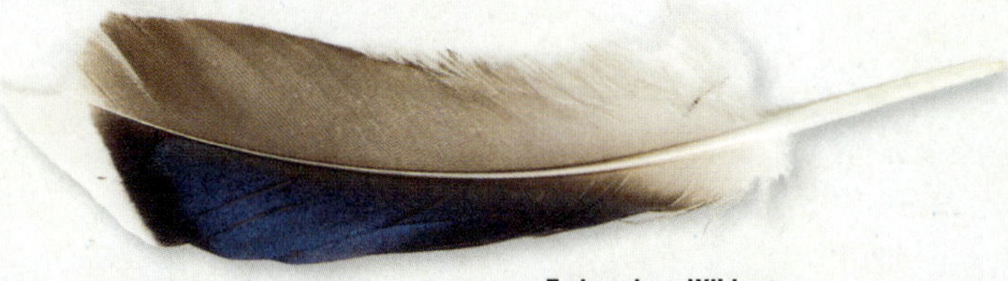

Feder einer Wildente

Auf diesem Foto liegen die Federn des Eichelhähers schön glatt an seinem Körper an. Doch wenn er böse wird, dann richtet er sie auf und bekommt einen Schopf.

Federn sammeln

Vögel haben Federn. Und zwar sehr viele. Wenn du alle kleinen Federn dazu zählst, kommst du schnell auf einige tausend Federn. Die meisten Vögel bekommen jedes Jahr ein komplett neues Federkleid. Einige sogar zweimal im Jahr. Für jede Feder wächst wieder eine neue. Und die alte? Die fällt aus und segelt zu Boden. Kein Wunder, dass du regelmäßig eine Feder findest. Die kannst du einfach liegen lassen oder du sammelst sie. Kleb die Feder beispielsweise mit Klebeband unten auf diese Seite, oder bewahre sie in einem Ringbuch auf. Du kannst notieren, wo und wann du sie gefunden hast. Vielleicht weißt du sogar, von welchem Vogel sie stammt? Einige Federn sind leicht zuzuordnen, wie etwa die blaue Flügelfeder des Eichelhähers.

FEDERN AUFKLEBEN

Hier kannst du die gefundenen Federn aufkleben. Weißt du auch, von welchem Vogel sie stammen?

PFAU

Was für eine Show!

Nur der männliche Pfau hat einen solch schönen Federschwanz. Meist schleppt er diesen einfach hinter sich her, genau wie die Schleppe eines Brautkleids. Manchmal aber plustert er ihn stolz auf. Dann stehen die prachtvollen Federn wie ein Fächer hoch und du kannst die »Pfauenaugen« am Ende jeder Feder deutlich erkennen. Doch der Pfau macht das nicht für dich. Er möchte damit bei den weiblichen Pfauen Eindruck schinden.

Neue Federn

Ein Pfauenschwanz besteht aus etwa 150 bunten Federn. Im Sommer werden alle Federn »erneuert«. Der Pfau ist dann in der Mauser und lässt seine alten Federn fallen. Wenn du auf der Suche nach einer Pfauenfeder bist, dann hast du im Sommer die größte Chance, eine zu finden.

DAS PRÄCHTIGSTE KLEID

der Welt

Pfauen haben einen Schweif aus prachtvollen bunten Federn. Auf dieser Seite sind alle Federn noch weiß. Kannst du sie ausmalen?

Pilze suchen

Pilze gibt es nicht nur im Herbst. Wer genau hinschaut, findet sie zu jeder Jahreszeit. Unten sind zwölf Pilze abgebildet. Aber Achtung: Nicht alle sind essbar! Manchmal hat ein essbarer Pilz auch einen gefährlichen Doppelgänger. Also lieber nur anschauen!

Ich habe den Pilz GESEHEN!

Hier erfährst du mehr über die zwölf Pilze von Seite 58. Mach dich selbst auf die Suche und notiere, wann und wo du einen dieser Pilze gesehen hast.

1 Schmetterlingsporling
Wann? Ganzjährig.
Wo? Auf abgestorbenen Bäumen, aber fast nie auf Nadelbäumen.
Das fällt auf: Wächst dachziegelartig übereinander.
Datum: ....
Ort: ....

2 Gemeine Stinkmorchel
Wann? Mai bis November.
Wo? In Wäldern und Parks.
Das fällt auf: Stinkt stark und zieht Fliegen an.
Datum: ....
Ort: ....

3 Schuppiger Porling
Wann? April bis Juni und August bis Oktober.
Wo? Auf lebenden und toten Bäumen, aber fast nie auf Nadelbäumen.
Das fällt auf: Der Stiel ist häufig kurz, und der Hut hat eine Sattelform.
Datum: ....
Ort: ....

4 Grüner Knollenblätterpilz
Wann? Juni bis Oktober.
Wo? Im Wald, vor allem unter Eichen und Buchen.
Das fällt auf: Die Oberseite des Hutes ist grün. Tödlich giftig!
Datum: ....
Ort: ....

5 Grünblättriger Schwefelknopf
Wann? Mai bis November.
Wo? Auf toten Bäumen.
Das fällt auf: Der Hut ist gelb bis gelbgrün. Giftig!
Datum: ....
Ort: ....

6 Geweihförmige Holzkeule
Wann? Ganzjährig.
Wo? Auf toten Bäumen.
Das fällt auf: Sieht aus wie ein Geweih, färbt sich später im Jahr schwarz.
Datum: ....
Ort: ....

7 Austernseitling
Wann? Februar bis April und Oktober bis Dezember.
Wo? Auf lebenden und toten Stämmen von Laubbäumen.
Das fällt auf: Wächst meist in einer Gruppe.
Datum: ....
Ort: ....

8 Violetter Rötelritterling
Wann? April bis Mai und September bis Oktober.
Wo? Im Wald, in Parks, Gärten und auf Komposthaufen.
Das fällt auf: Riecht würzig.
Datum: ....
Ort: ....

9 Pantherpilz
Wann? Juni bis November.
Wo? In Wäldern, auf Sandböden.
Das fällt auf: Ähnelt dem essbaren Perlpilz. Sehr giftig!
Datum: ....
Ort: ....

10 Flacher Lackporling
Wann? Ganzjährig.
Wo? Auf toten Bäumen, aber fast nie auf Nadelbäumen.
Das fällt auf: Der Rand des Hutes ist weiß.
Datum: ....
Ort: ....

11 Schopf-Tintling
Wann? Mai bis November.
Wo? Auf Weiden, Äckern und an Straßenrändern.
Das fällt auf: Der Hut bekommt einen schwarzen Rand, der später wie Tinte zu Boden tropft.
Datum: ....
Ort: ....

12 Birkenporling
Wann? Ganzjährig.
Wo? Auf den dicken Stämmen lebender und toter Bäume.
Das fällt auf: Die Unterseite ist weiß.
Datum: ....
Ort: ....

Schmetterlingsmorchel oder Stink-Porling?

Upps! Da ist was schiefgelaufen. Die Namen dieser Pilze sind durcheinandergeraten. Kannst du sie wieder richtig ordnen? Zieh eine Linie von links nach rechts. Den Anfang haben wir schon gemacht. Machst du den Rest?

Gemeine	Stink	Keule
Flacher	Rötel	Morchel
Grüner	Knollen	Knopf
Grünblättriger	Lack	Porling
Geweihförmige	Schwefel	Ritterling
Violetter	Holz	Blätterpilz

MINI-DINOS

aus dem Pflanzenreich

Von weitem sieht es aus wie ein gleichmäßig grünes Wandbild, doch wenn du mit einer Lupe die Moose von nahem betrachtest, erkennst du die Unterschiede und siehst, wie schön sie sind. Und alt noch dazu. Moose waren die ersten Pflanzen, die unsere Erde bedeckten. Allein in Europa gibt es etwa 600 Arten. Sie haben manchmal ziemlich verrückte Namen wie Glashaar-Haarmützenmoos, Trompetenflechte oder Brunnenlebermoos.

AUSMALEN

Moose sind schön.
Aber auf dieser Seite sehen sie
noch ein wenig langweilig aus.
Kannst du das ändern?

LÖSUNGEN

S. 5

So sieht der Weg der Biene aus!

S. 7

Eulenrätsel
Das Lösungswort ist **GEWOELLE**:

Alles, was die Eule nicht verdauen kann – Knochen, Haare und manchmal sogar Insekten –, wird in ihrem Magen zu einem Ball zusammengepresst und über die Speiseröhre wieder ausgeschieden. Wenn du diesen Ball auseinanderpflückst, siehst du genau, was die Eule gegessen hat.

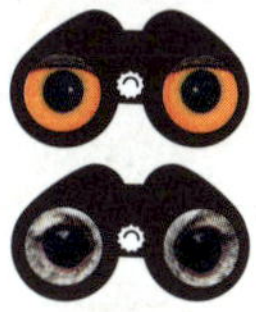

Wann jagt diese Eule?
Die Steineule hat gelbe Augen. Daran kannst du erkennen, dass sie vor allem tagsüber jagt – als eine der wenigen Eulen übrigens. Eine Waldohreule (orange Augen) jagt beispielsweise in der Dämmerung, und die Waldeule (schwarze Augen) geht nachts auf Jagd. Je dunkler also die Augenfarbe, desto später am Tag jagt die Eule!

S. 13

Verborgenes Talent
Der Lösungssatz lautet:
SIE KÖNNEN ECHT GUT SCHWIMMEN

Schnappen, schlucken, weg!
Wenn du alles richtig ausgemalt hast, sollten die Beutetiere diese Farben haben.

S. 14/15

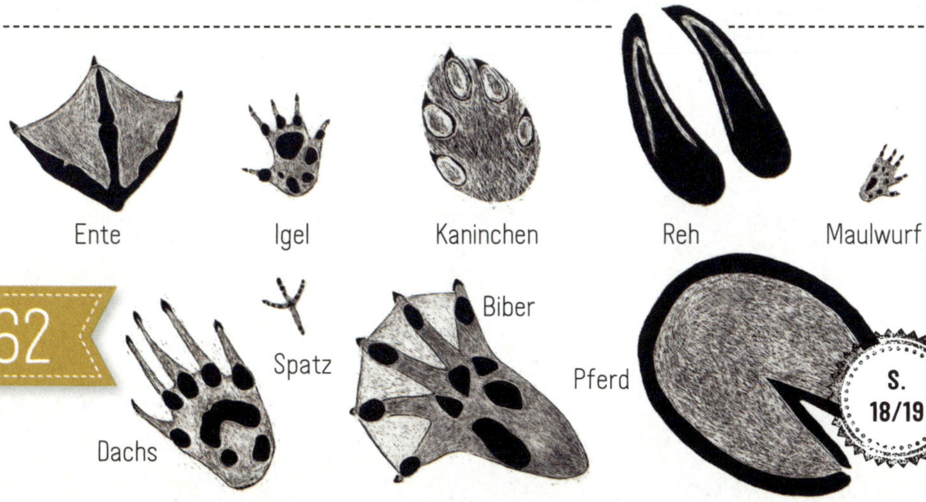

S. 18/19

Wie alt sind die Marienkäfer?

S. 23

Hast du die Punkte gezählt? Schade! Denn sie verraten nichts über das Alter. Marienkäfer werden höchstens ein Jahr alt. An den Punkten kannst du erkennen, um welche Marienkäferart es sich handelt. Zählst du sieben Punkte? Dann handelt es sich um einen Siebenpunkt-Marienkäfer!

Das gesuchte Wort im Insekten-Rätsel ist:
SCHMETTERLINGSHAUS

Das sind die Unterschiede S. 24/25

Schmetterlingsrätsel S. 29

1 LANDKAE**R**TCHEN
2 ZITR**O**NENFALTER
3 KLEINE**S** WIESENVOEGELCHEN
4 DIS**T**ELFALTER
5 HAUHECHEL **B**LAEULING
6 KLE**I**NER FUCHS
7 KLEI**N**ER KOHLWEISSLING
8 A**D**MIRAL
9 KLEIN**E**R FEUERFALTER

Das Lösungswort lautet: **ROSTBINDE**
So heißt ein Tagfalter, der vom Aussterben bedroht ist – auch Ockerbindiger Samtfalter genannt.

S. 30/31

Wahr oder falsch?

1. wahr
2. wahr
3. wahr
4. falsch
5. wahr
6. falsch

S. 27

So sieht ein Tagpfauenauge aus. Ähnelt es deinem auf dem Bild?

S. 38

5 3

Das Geweih von Gigant stammt aus dem Jahr 2012

S. 43

Welches Ei gehört zu welchem Vogel?

S. 46

Kleiber
Nachtigall
Eisvogel
Großer Buntspecht
Fichtenkreuzschnabel
Wasserhuhn
Schleiereule
Kiebitz
Silbermöwe

Weide
Akazie
Ross-kastanie

Eiche
Ahorn

S. 51

Blätter erkennen

S. 59

So heißen die Pilze wirklich (die Namen sind schon sehr merkwürdig):

Gemeine Stinkmorchel
Flacher Lackporling
Grüner Knollenblätterpilz
Grünblättriger Schwefelkopf
Geweihförmige Holzkeule
Violetter Rötelritterling

Wie viele rote Ameisen hast du gezählt?

Bist du eine echt gute Spürnase? Dann hast du in diesem Buch 30 rote Ameisen gefunden!

NATUR

ENTDECKEN · VERSTEHEN · MITMACHEN

ISBN 978-3-95939-072-9
2. Auflage 2019

Originalausgabe erschienen

in Zusammenarbeit mit dem Magazin Roots · www.rootsmagazine.nl

HAUPTREDAKTION: Fanny Glazenburg
ARTDIREKTION: Très Melis
CHEFREDAKTION: Marte Schaap
KOORDINATION: Caroline Vogel
TEXT: Nicole von Borkulo, Geert-Jan Rebers
DESIGN: Marjo de Jong
ÜBERSETZUNG DEYROLLE (Bildtafeln): René Alblas
TEXTE: Nicole van Borkulo und Geert-Jan Roebers
ILLUSTRATIONEN: Deyrolle, Ernst Haeckel (Muscheln, Anemonen, Quallen und Orchideen), Joris de Raedt (Eule) Jasper de Ruiter (Schmetterlinge und Pilze), Kim Veenman (Spuren), Studio Brun (Reiher, Fuchs und Seehund)
FOTOS: Laurence Delderfield (Geweihe), iStock, Shutterstock, Studio 5982 (Federn und Strandfunde), Klaas Tanis / De Hoge Veluwe (Gigant)

ÜBERSETZUNG: aus dem Niederländischen von Birgit van der Avoort
SATZ: für die deutsche Ausgabe Christiane Dunkel-Koberg
LEKTORAT: Kathrin Bögelsack

Bohem Press GmbH, Bernhard-Ernst-Straße 12, 48155 Münster, Deutschland
www.bohem-verlag.de

Gedruckt in Lettland.

Für die Herstellung dieses Buches wurde FSC-Papier aus verantwortungsvollen Quellen eingesetzt.